MW01591653

PERSONAL DETAILS

Name

Address

Telephone

Mobile

E-mail

In case of emergency contact

Name

Address

Telephone

KEY CONTACTS

Work

Telephone

E-mail

Leisure

Cinema

Takeaway

Hairdresser

Travel

Rail information

Bus times

Flight information

Car

Recovery service

Membership number

Garage

Credit cards

Lost/stolen helpline

Others

2021

JANUARY

M	•	4	11	18	25
T	•	5	12	19	26
W	•	6	13	20	27
T	•	7	14	21	28
F	1	8	15	22	29
S	2	9	16	23	30
S	3	10	17	24	31

FEBRUARY

M	1	8	15	22	•
T	2	9	16	23	•
W	3	10	17	24	•
T	4	11	18	25	•
F	5	12	19	26	•
S	6	13	20	27	•
S	7	14	21	28	•

MARCH

M	1	8	15	22	29
T	2	9	16	23	30
W	3	10	17	24	31
T	4	11	18	25	•
F	5	12	19	26	•
S	6	13	20	27	•
S	7	14	21	28	•

APRIL

M	•	5	12	19	26
T	•	6	13	20	27
W	•	7	14	21	28
T	1	8	15	22	29
F	2	9	16	23	30
S	3	10	17	24	•
S	4	11	18	25	•

MAY

M	31	3	10	17	24
T	•	4	11	18	25
W	•	5	12	19	26
T	•	6	13	20	27
F	•	7	14	21	28
S	1	8	15	22	29
S	2	9	16	23	30

JUNE

M	•	7	14	21	28
T	1	8	15	22	29
W	2	9	16	23	30
T	3	10	17	24	•
F	4	11	18	25	•
S	5	12	19	26	•
S	6	13	20	27	•

JULY

M	•	5	12	19	26
T	•	6	13	20	27
W	•	7	14	21	28
T	1	8	15	22	29
F	2	9	16	23	30
S	3	10	17	24	31
S	4	11	18	25	•

AUGUST

M	30	2	9	16	23
T	31	3	10	17	24
W	•	4	11	18	25
T	•	5	12	19	26
F	•	6	13	20	27
S	•	7	14	21	28
S	1	8	15	22	29

SEPTEMBER

M	•	6	13	20	27
T	•	7	14	21	28
W	1	8	15	22	29
T	2	9	16	23	30
F	3	10	17	24	•
S	4	11	18	25	•
S	5	12	19	26	•

OCTOBER

M	•	4	11	18	25
T	•	5	12	19	26
W	•	6	13	20	27
T	•	7	14	21	28
F	1	8	15	22	29
S	2	9	16	23	30
S	3	10	17	24	31

NOVEMBER

M	1	8	15	22	29
T	2	9	16	23	30
W	3	10	17	24	•
T	4	11	18	25	•
F	5	12	19	26	•
S	6	13	20	27	•
S	7	14	21	28	•

DECEMBER

M	•	6	13	20	27
T	•	7	14	21	28
W	1	8	15	22	29
T	2	9	16	23	30
F	3	10	17	24	31
S	4	11	18	25	•
S	5	12	19	26	•

2022

JANUARY

M	31	3	10	17	24
T	•	4	11	18	25
W	•	5	12	19	26
T	•	6	13	20	27
F	•	7	14	21	28
S	1	8	15	22	29
S	2	9	16	23	30

FEBRUARY

M	•	7	14	21	28
T	1	8	15	22	•
W	2	9	16	23	•
T	3	10	17	24	•
F	4	11	18	25	•
S	5	12	19	26	•
S	6	13	20	27	•

MARCH

M	•	7	14	21	28
T	1	8	15	22	29
W	2	9	16	23	30
T	3	10	17	24	31
F	4	11	18	25	•
S	5	12	19	26	•
S	6	13	20	27	•

APRIL

M	•	4	11	18	25
T	•	5	12	19	26
W	•	6	13	20	27
T	•	7	14	21	28
F	1	8	15	22	29
S	2	9	16	23	30
S	3	10	17	24	•

MAY

M	30	2	9	16	23
T	31	3	10	17	24
W	•	4	11	18	25
T	•	5	12	19	26
F	•	6	13	20	27
S	•	7	14	21	28
S	1	8	15	22	29

JUNE

M	•	6	13	20	27
T	•	7	14	21	28
W	1	8	15	22	29
T	2	9	16	23	30
F	3	10	17	24	•
S	4	11	18	25	•
S	5	12	19	26	•

JULY

M	•	4	11	18	25
T	•	5	12	19	26
W	•	6	13	20	27
T	•	7	14	21	28
F	1	8	15	22	29
S	2	9	16	23	30
S	3	10	17	24	31

AUGUST

M	1	8	15	22	29
T	2	9	16	23	30
W	3	10	17	24	31
T	4	11	18	25	•
F	5	12	19	26	•
S	6	13	20	27	•
S	7	14	21	28	•

SEPTEMBER

M	•	5	12	19	26
T	•	6	13	20	27
W	•	7	14	21	28
T	1	8	15	22	29
F	2	9	16	23	30
S	3	10	17	24	•
S	4	11	18	25	•

OCTOBER

M	31	3	10	17	24
T	•	4	11	18	25
W	•	5	12	19	26
T	•	6	13	20	27
F	•	7	14	21	28
S	1	8	15	22	29
S	2	9	16	23	30

NOVEMBER

M	•	7	14	21	28
T	1	8	15	22	29
W	2	9	16	23	30
T	3	10	17	24	•
F	4	11	18	25	•
S	5	12	19	26	•
S	6	13	20	27	•

DECEMBER

M	•	5	12	19	26
T	•	6	13	20	27
W	•	7	14	21	28
T	1	8	15	22	29
F	2	9	16	23	30
S	3	10	17	24	31
S	4	11	18	25	•

2023

JANUARY

M	30	2	9	16	23
T	31	3	10	17	24
W	•	4	11	18	25
T	•	5	12	19	26
F	•	6	13	20	27
S	•	7	14	21	28
S	1	8	15	22	29

FEBRUARY

M	•	6	13	20	27
T	•	7	14	21	28
W	1	8	15	22	•
T	2	9	16	23	•
F	3	10	17	24	•
S	4	11	18	25	•
S	5	12	19	26	•

MARCH

M	•	6	13	20	27
T	•	7	14	21	28
W	1	8	15	22	29
T	2	9	16	23	30
F	3	10	17	24	31
S	4	11	18	25	•
S	5	12	19	26	•

APRIL

M	•	3	10	17	24
T	•	4	11	18	25
W	•	5	12	19	26
T	•	6	13	20	27
F	•	7	14	21	28
S	1	8	15	22	29
S	2	9	16	23	30

MAY

M	1	8	15	22	29
T	2	9	16	23	30
W	3	10	17	24	31
T	4	11	18	25	•
F	5	12	19	26	•
S	6	13	20	27	•
S	7	14	21	28	•

JUNE

M	•	5	12	19	26
T	•	6	13	20	27
W	•	7	14	21	28
T	1	8	15	22	29
F	2	9	16	23	30
S	3	10	17	24	•
S	4	11	18	25	•

JULY

M	31	3	10	17	24
T	•	4	11	18	25
W	•	5	12	19	26
T	•	6	13	20	27
F	•	7	14	21	28
S	1	8	15	22	29
S	2	9	16	23	30

AUGUST

M	•	7	14	21	28
T	1	8	15	22	29
W	2	9	16	23	30
T	3	10	17	24	31
F	4	11	18	25	•
S	5	12	19	26	•
S	6	13	20	27	•

SEPTEMBER

M	•	4	11	18	25
T	•	5	12	19	26
W	•	6	13	20	27
T	•	7	14	21	28
F	1	8	15	22	29
S	2	9	16	23	30
S	3	10	17	24	•

OCTOBER

M	30	2	9	16	23
T	31	3	10	17	24
W	•	4	11	18	25
T	•	5	12	19	26
F	•	6	13	20	27
S	•	7	14	21	28
S	1	8	15	22	29

NOVEMBER

M	•	6	13	20	27
T	•	7	14	21	28
W	1	8	15	22	29
T	2	9	16	23	30
F	3	10	17	24	•
S	4	11	18	25	•
S	5	12	19	26	•

DECEMBER

M	•	4	11	18	25
T	•	5	12	19	26
W	•	6	13	20	27
T	•	7	14	21	28
F	1	8	15	22	29
S	2	9	16	23	30
S	3	10	17	24	31

SUNRISE & SUNSET TIMES 2022

	Sunrise	Sunset			Sunrise	Sunset
December 2021				**July**		
6	07 51	15 53		4	04 50	21 20
13	07 58	15 52		11	04 57	21 15
20	08 03	15 53		18	05 05	21 08
27	08 06	15 58		25	05 14	20 59
January 2022				**August**		
3	08 06	16 05		1	05 24	20 49
10	08 03	16 14		8	05 35	20 37
17	07 58	16 24		15	05 46	20 23
24	07 50	16 36		22	05 57	20 09
31	07 41	16 48		29	06 08	19 54
February				**September**		
7	07 29	17 01		5	06 19	19 38
14	07 17	17 14		12	06 31	19 22
21	07 03	17 26		19	06 42	19 06
28	06 48	17 39		26	06 53	18 50
March				**October**		
7	06 33	17 51		3	07 04	18 34
14	06 17	18 03		10	07 16	18 18
21	06 01	18 15		17	07 28	18 03
28	06 45	19 27		24	07 40	17 49
				31	06 52	16 36
April				**November**		
4	06 30	19 39		7	07 05	16 23
11	06 14	19 51		14	07 17	16 13
18	05 59	20 02		21	07 29	16 04
25	05 44	20 14		28	07 39	15 57
May				**December**		
2	05 31	20 25		5	07 49	15 53
9	05 19	20 37		12	07 57	15 51
16	05 08	20 47		19	08 03	15 53
23	04 58	20 57		26	08 06	15 57
30	04 51	21 06				
June				**January 2023**		
6	04 46	21 13		2	08 06	16 03
13	04 43	21 19		9	08 04	16 12
20	04 43	21 21		16	07 59	16 22
27	04 45	21 22		23	07 52	16 34
				30	07 42	16 46

2022 PLANNER

JANUARY	FEBRUARY	MARCH
1 **S**	1 T	1 T
2 **S**	2 W	2 W
3 M	3 T	3 T
4 T	4 F	4 F
5 W	5 **S**	5 **S**
6 T	6 **S**	6 **S**
7 F	7 M	7 M
8 **S**	8 T	8 T
9 **S**	9 W	9 W
10 M	10 T	10 T
11 T	11 F	11 F
12 W	12 **S**	12 **S**
13 T	13 **S**	13 **S**
14 F	14 M	14 M
15 **S**	15 T	15 T
16 **S**	16 W	16 W
17 M	17 T	17 T
18 T	18 F	18 F
19 W	19 **S**	19 **S**
20 T	20 **S**	20 **S**
21 F	21 M	21 M
22 **S**	22 T	22 T
23 **S**	23 W	23 W
24 M	24 T	24 T
25 T	25 F	25 F
26 W	26 **S**	26 **S**
27 T	27 **S**	27 **S**
28 F	28 M	28 M
29 **S**		29 T
30 **S**		30 W
31 M		31 T

APRIL	MAY	JUNE
1 F	1 **S**	1 W
2 **S**	2 M	2 T
3 **S**	3 T	3 F
4 M	4 W	4 **S**
5 T	5 T	5 **S**
6 W	6 F	6 M
7 T	7 **S**	7 T
8 F	8 **S**	8 W
9 **S**	9 M	9 T
10 **S**	10 T	10 F
11 M	11 W	11 **S**
12 T	12 T	12 **S**
13 W	13 F	13 M
14 T	14 **S**	14 T
15 F	15 **S**	15 W
16 **S**	16 M	16 T
17 **S**	17 T	17 F
18 M	18 W	18 **S**
19 T	19 T	19 **S**
20 W	20 F	20 M
21 T	21 **S**	21 T
22 F	22 **S**	22 W
23 **S**	23 M	23 T
24 **S**	24 T	24 F
25 M	25 W	25 **S**
26 T	26 T	26 **S**
27 W	27 F	27 M
28 T	28 **S**	28 T
29 F	29 **S**	29 W
30 **S**	30 M	30 T
	31 T	

2022 PLANNER

JULY	AUGUST	SEPTEMBER
1 F	1 M	1 T
2 **S**	2 T	2 F
3 **S**	3 W	3 **S**
4 M	4 T	4 **S**
5 T	5 F	5 M
6 W	6 **S**	6 T
7 T	7 **S**	7 W
8 F	8 M	8 T
9 **S**	9 T	9 F
10 **S**	10 W	10 **S**
11 M	11 T	11 **S**
12 T	12 F	12 M
13 W	13 **S**	13 T
14 T	14 **S**	14 W
15 F	15 M	15 T
16 **S**	16 T	16 F
17 **S**	17 W	17 **S**
18 M	18 T	18 **S**
19 T	19 F	19 M
20 W	20 **S**	20 T
21 T	21 **S**	21 W
22 F	22 M	22 T
23 **S**	23 T	23 F
24 **S**	24 W	24 **S**
25 M	25 T	25 **S**
26 T	26 F	26 M
27 W	27 **S**	27 T
28 T	28 **S**	28 W
29 F	29 M	29 T
30 **S**	30 T	30 Г
31 **S**	31 W	

OCTOBER	NOVEMBER	DECEMBER
1 **S**	1 T	1 T
2 **S**	2 W	2 F
3 M	3 T	3 **S**
4 T	4 F	4 **S**
5 W	5 **S**	5 M
6 T	6 **S**	6 T
7 F	7 M	7 W
8 **S**	8 T	8 T
9 **S**	9 W	9 F
10 M	10 T	10 **S**
11 T	11 F	11 **S**
12 W	12 **S**	12 M
13 T	13 **S**	13 T
14 F	14 M	14 W
15 **S**	15 T	15 T
16 **S**	16 W	16 F
17 M	17 T	17 **S**
18 T	18 F	18 **S**
19 W	19 **S**	19 M
20 T	20 **S**	20 T
21 F	21 M	21 W
22 **S**	22 T	22 T
23 **S**	23 W	23 F
24 M	24 T	24 **S**
25 T	25 F	25 **S**
26 W	26 **S**	26 M
27 T	27 **S**	27 T
28 F	28 M	28 W
29 **S**	29 T	29 T
30 **S**	30 W	30 F
31 M		31 **S**

DEC '21 / JAN '22

MON

27

◑

Holiday (UK, R. of Ireland, CAN, AUS, NZL)

TUE

28

Holiday (UK, R. of Ireland, AUS, NZL)

WED

29

THU

30

FRI

31

New Year's Eve
Holiday (USA)

SAT

1

New Year's Day

SUN

●

2

MON	TUE	WED	THU
31			
3	4	5	6
10	11	12	13
17	18	19	20
24	25	26	27

| | 1 | 2 |

| 7 | 8 | 9 |

| 14 | 15 | 16 |

| 21 | 22 | 23 |

| 28 | 29 | 30 |

1
JAN

GOALS & NOTES

JANUARY

MON

3

Holiday (UK, R. of Ireland, CAN, AUS, NZL)

TUE

4

Holiday (SCT, NZL)

WED

5

THU

6

FRI

7

SAT

8

◑ SUN

9

JANUARY

MON

10

TUE

11

WED

12

THU

13

FRI

14

SAT

15

SUN

16

JANUARY

○

MON

17

Martin Luther King, Jr. Day (Holiday USA)

TUE

18

WED

19

THU

20

FRI

21

SAT

22

SUN

23

JANUARY

MON

24

TUE

◑

25

Burns Night (SCT)

WED

26

Australia Day (Holiday AUS)

THU

27

FRI

28

SAT

29

SUN

30

MON	TUE	WED	THU
	1	2	3
7	8	9	10
14	15	16	17
21	22	23	24
28			

FRI	SAT	SUN	
4	5	6	**2**
			FEB
11	12	13	
18	19	20	
25	26	27	
			FEBRUARY 2022

GOALS & NOTES

JAN / FEB

MON

31

●

TUE

1

WED

2

THU

3

FRI

4

SAT

5

SUN

Waitangi Day (NZL)

6

FEBRUARY

MON

7

Holiday (NZL)

TUE

8

WED

9

THU

10

FRI

11

SAT

12

SUN

13

FEBRUARY

MON

14

St Valentine's Day

TUE

15

○

WED

16

THU

17

FRI

18

SAT

19

SUN

20

FEBRUARY

MON

21

Presidents' Day (Holiday USA)

TUE

22

WED

23

THU

24

FRI

25

SAT

26

SUN

27

MON	TUE	WED	THU
	1	2	3
7	8	9	10
14	15	16	17
21	22	23	24
28	29	30	31

4   5   6

11   12   13

18   19   20

25   26   27

3
MAR

MARCH 2022

GOALS & NOTES

FEB / MAR

MON

28

TUE

1

St David's Day
Shrove Tuesday

●

WED

2

Ash Wednesday

THU

3

FRI

4

SAT

5

SUN

6

MARCH

MON

7

TUE

8

WED

9

THU ◑

10

FRI

11

SAT

12

SUN

13

Daylight Saving Time begins (USA, CAN)

MARCH

MON

14

Commonwealth Day

TUE

15

WED

16

THU

17

St Patrick's Day (Holiday N. Ireland, R. of Ireland)

○

FRI

18

SAT

19

SUN

20

MARCH

MON

21

TUE

22

WED

23

THU

24

FRI

25

SAT

26

SUN

27

Mothering Sunday (UK, R. of Ireland)
Summer Time begins*

MON	TUE	WED	THU
4	5	6	7
11	12	13	14
18	19	20	21
25	26	27	28

4
APR

FRI	SAT	SUN
1	2	3
8	9	10
15	16	17
22	23	24
29	30	

APRIL 2022

GOALS & NOTES

MAR / APR

MON

28

TUE

29

WED

30

THU

31

●

FRI

1

SAT

2

SUN

3

Daylight Saving Time ends (NZL, AUS – except NT, QLD, WA)
First Day of Ramadan

APRIL

MON

4

TUE

5

WED

6

THU

7

FRI

8

SAT ◑

9

SUN

10

APRIL

MON

11

TUE

12

WED

13

THU

14

FRI

15

Good Friday (Holiday UK, CAN, AUS, NZL)

○ SAT

16

First Day of Passover (Pesach)

SUN

17

Easter Sunday

APRIL

MON

18

Easter Monday (Holiday UK except SCT, R. of Ireland, CAN, AUS, NZL)

TUE

19

WED

20

THU

21

FRI

22

Earth Day

SAT

◑

23

St George's Day

SUN

24

MON	TUE	WED	THU
30	31		
2	3	4	5
9	10	11	12
16	17	18	19
23	24	25	26

FRI	SAT	SUN
		1
6	7	8
13	14	15
20	21	22
27	28	29

GOALS & NOTES

APR / MAY

MON

25

Anzac Day (Holiday AUS, NZL)

TUE

26

WED

27

THU

28

FRI

29

●

SAT

30

SUN

1

MAY

MON

2

Holiday (UK, R. of Ireland)

TUE

3

WED

4

THU

5

FRI

6

SAT

7

SUN

8

Mother's Day (USA, CAN, AUS, NZL)

MAY

◑

MON

9

TUE

10

WED

11

THU

12

FRI

13

SA

14

S

15

MAY

MON ○

16

TUE

17

WED

18

THU

19

FRI

20

SAT

21

SUN

22

MAY

MON

23

Victoria Day (Holiday CAN)

TUE

24

WED

25

THU

26

FRI

27

SAT

28

SUN

29

MON ●

30

Memorial Day (Holiday USA)

TUE

31

WED

1

THU

2

Holiday (UK)

FRI

3

The Queen's Platinum Jubilee (Holiday UK)

SAT

4

SUN

5

MON	TUE	WED	THU
		1	2
6	7	8	9
13	14	15	16
20	21	22	23
27	28	29	30

FRI	SAT	SUN
3	4	5
10	11	12
17	18	19
24	25	26

6
JUN

GOALS & NOTES

JUNE

MON

6

Holiday (R. of Ireland)
Queen's Birthday (Holiday NZL)

◑

TUE

7

WED

8

THU

9

FRI

10

SAT

11

SUN

12

JUNE

MON

13

TUE   ○

14

WED

15

THU

16

FRI

17

SAT

18

SUN

19

Father's Day (UK, R. of Ireland, USA, CAN)

JUNE

MON

20

◑

TUE

21

WED

22

THU

23

FRI

24

SAT

25

SUN

26

MON

27

TUE

28

WED

●

29

THU

30

FRI

1

Canada Day (Holiday CAN)

SAT

2

SUN

3

MON	TUE	WED	THU
4	5	6	7
11	12	13	14
18	19	20	21
25	26	27	28

7

JUL

FRI	SAT	SUN
1	2	3
8	9	10
15	16	17
22	23	24
29	30	31

GOALS & NOTES

JULY

MON

4

Independence Day (Holiday USA)

TUE

5

WED

6

◑

THU

7

FRI

8

SAT

9

SUN

10

JULY

MON

11

TUE

12

Battle of the Boyne (Holiday N. Ireland)

WED   ○

13

THU

14

FRI

15

SAT

16

SUN

17

JULY

MON

18

TUE

19

WED

20

THU

21

FRI

22

SAT

23

SUN

24

JULY

MON

25

TUE

26

WED

27

THU

●

28

FRI

29

SAT

30

SUN

31

MON	TUE	WED	THU
1	2	3	4
8	9	10	11
15	16	17	18
22	23	24	25
29	30	31	

FRI	SAT	SUN
5	6	7
12	13	14
19	20	21
26	27	28

8

AUG

GOALS & NOTES

AUGUST

MON

1

Holiday (SCT, R. of Ireland)

TUE

2

WED

3

THU

4

◐ **FRI**

5

SAT

6

SUN

7

AUGUST

MON

8

TUE

9

WED

10

THU

11

FRI   ○

12

SAT

13

SUN

14

AUGUST

MON

15

TUE

16

WED

17

THU

18

◑ FRI

19

SAT

20

SUN

21

AUGUST

MON

22

TUE

23

WED

24

THU

25

FRI

26

SAT ●

27

SUN

28

MON	TUE	WED	THU
			1
5	6	7	8
12	13	14	15
19	20	21	22
26	27	28	29

FRI	SAT	SUN
2	3	4
9	10	11
16	17	18
23	24	25
30		

9

SEP

GOALS & NOTES

AUG / SEP

MON

29

Holiday (UK except SCT)

TUE

30

WED

31

THU

1

FRI

2

◐

SAT

3

SUN

4

Father's Day (AUS, NZL)

SEPTEMBER

MON

5

Labor Day (Holiday USA)
Labour Day (Holiday CAN)

TUE

6

WED

7

THU

8

FRI

9

SAT   ○

10

SUN

11

SEPTEMBER

MON

12

TUE

13

WED

14

THU

15

FRI

16

SAT

17

SUN

18

SEPTEMBER

MON

19

TUE

20

WED

21

UN International Day of Peace

THU

22

FRI

23

SAT

24

SUN

●

25

Daylight Saving Time begins (NZL)

MON	TUE	WED	THU
31			
3	4	5	6
10	11	12	13
17	18	19	20
24	25	26	27

1

2

7

8

9

14

15

16

21

22

23

28

29

30

10

OCT

GOALS & NOTES

SEP / OCT

MON

26

TUE

27

WED

28

THU

29

FRI

30

SAT

1

SUN

2

Daylight Saving Time begins (AUS – except NT, QLD, WA)

OCTOBER

MON ◐

3

TUE

4

World Animal Day

WED

5

THU

6

FRI

7

SAT

8

SUN ○

9

OCTOBER

MON

10

Columbus Day (Holiday USA)
Thanksgiving Day (Holiday CAN)

TUE

11

WED

12

THU

13

FRI

14

SAT

15

SUN

16

OCTOBER

MON

17

TUE

18

WED

19

THU

20

FRI

21

SAT

22

SUN

23

OCTOBER

MON

24

Labour Day (Holiday NZL)

●

TUE

25

WED

26

THU

27

FRI

28

SAT

29

SUN

30

Summer Time ends*

OCT / NOV

MON

31

Hallowe'en
Holiday (R. of Ireland)

TUE

◐

1

WED

2

THU

3

FRI

4

SAT

5

Bonfire Night

SUN

6

Daylight Saving Time ends (USA, CAN)

MON	TUE	WED	THU
	1	2	3
7	8	9	10
14	15	16	17
21	22	23	24
28	29	30	

FRI	SAT	SUN
4	5	6
11	12	13
18	19	20
25	26	27

11

NOV

NOVEMBER 2022

GOALS & NOTES

NOVEMBER

MON

7

○

TUE

8

WED

9

THU

10

FRI

11

Veterans Day (Holiday USA)
Remembrance Day (Holiday CAN)

SAT

12

SUN

13

Remembrance Sunday (UK)

MON

14

TUE

15

WED

16

THU

17

FRI

18

SAT

19

SUN

20

NOVEMBER

MON

21

TUE

22

WED

23

THU

24

Thanksgiving Day (Holiday USA)

FRI

25

SAT

26

SUN

27

NOV / DEC

MON

28

TUE

29

WED   ◐

30
St Andrew's Day (Holiday SCT)

THU

1

FRI

2

SAT

3

SUN

4

MON	TUE	WED	THU
			1
5	6	7	8
12	13	14	15
19	20	21	22
26	27	28	29

2	3	4
9	10	11
16	17	18
23	24	25
30	31	

12

DEC

GOALS & NOTES

DECEMBER

MON

5

TUE

6

WED

7

THU

8

FRI

9

SAT

10

SUN

11

DECEMBER

MON

12

TUE

13

WED

14

THU

15

FRI

16

SAT

17

SUN

18

DECEMBER

MON

19

TUE

20

WED

21

THU

22

●

FRI

23

SAT

24

Christmas Eve

SUN

25

Christmas Day

DEC '22 / JAN '23

MON

26

Boxing Day, St Stephen's Day
(Holiday UK, R. of Ireland, CAN, AUS, NZL)
Holiday (USA)

TUE

27

Holiday (UK, R. of Ireland, CAN, AUS, NZL)

WED

28

THU

29

FRI

◑

30

SAT

31

New Year's Eve

SUN

1

New Year's Day

JANUARY '23

MON

2

Holiday (UK, R. of Ireland, USA, CAN, AUS, NZL)

TUE

3

Holiday (SCT, NZL)

WED

4

THU

5

○

FRI

6

SAT

7

SUN

8

2023 PLANNER

JANUARY	FEBRUARY	MARCH
1 **S**	1 W	1 W
2 M	2 T	2 T
3 T	3 F	3 F
4 W	4 **S**	4 **S**
5 T	5 **S**	5 **S**
6 F	6 M	6 M
7 **S**	7 T	7 T
8 **S**	8 W	8 W
9 M	9 T	9 T
10 T	10 F	10 F
11 W	11 **S**	11 **S**
12 T	12 **S**	12 **S**
13 F	13 M	13 M
14 **S**	14 T	14 T
15 **S**	15 W	15 W
16 M	16 T	16 T
17 T	17 F	17 F
18 W	18 **S**	18 **S**
19 T	19 **S**	19 **S**
20 F	20 M	20 M
21 **S**	21 T	21 T
22 **S**	22 W	22 W
23 M	23 T	23 T
24 T	24 F	24 F
25 W	25 **S**	25 **S**
26 T	26 **S**	26 **S**
27 F	27 M	27 M
28 **S**	28 T	28 T
29 **S**		29 W
30 M		30 T
31 T		31 F

APRIL	MAY	JUNE
1 **S**	1 M	1 T
2 **S**	2 T	2 F
3 M	3 W	3 **S**
4 T	4 T	4 **S**
5 W	5 F	5 M
6 T	6 **S**	6 T
7 F	7 **S**	7 W
8 **S**	8 M	8 T
9 **S**	9 T	9 F
10 M	10 W	10 **S**
11 T	11 T	11 **S**
12 W	12 F	12 M
13 T	13 **S**	13 T
14 F	14 **S**	14 W
15 **S**	15 M	15 T
16 **S**	16 T	16 F
17 M	17 W	17 **S**
18 T	18 T	18 **S**
19 W	19 F	19 M
20 T	20 **S**	20 T
21 F	21 **S**	21 W
22 **S**	22 M	22 T
23 **S**	23 T	23 F
24 M	24 W	24 **S**
25 T	25 T	25 **S**
26 W	26 F	26 M
27 T	27 **S**	27 T
28 F	28 **S**	28 W
29 **S**	29 M	29 T
30 **S**	30 T	30 F
	31 W	

2023 PLANNER

JULY	AUGUST	SEPTEMBER
1 **S**	1 T	1 F
2 **S**	2 W	2 **S**
3 M	3 T	3 **S**
4 T	4 F	4 M
5 W	5 **S**	5 T
6 T	6 **S**	6 W
7 F	7 M	7 T
8 **S**	8 T	8 F
9 **S**	9 W	9 **S**
10 M	10 T	10 **S**
11 T	11 F	11 M
12 W	12 **S**	12 T
13 T	13 **S**	13 W
14 F	14 M	14 T
15 **S**	15 T	15 F
16 **S**	16 W	16 **S**
17 M	17 T	17 **S**
18 T	18 F	18 M
19 W	19 **S**	19 T
20 T	20 **S**	20 W
21 F	21 M	21 T
22 **S**	22 T	22 F
23 **S**	23 W	23 **S**
24 M	24 T	24 **S**
25 T	25 F	25 M
26 W	26 **S**	26 T
27 T	27 **S**	27 W
28 F	28 M	28 T
29 **S**	29 T	29 F
30 **S**	30 W	30 **S**
31 M	31 T	

OCTOBER	NOVEMBER	DECEMBER
1 **S**	1 W	1 F
2 M	2 T	2 **S**
3 T	3 F	3 **S**
4 W	4 **S**	4 M
5 T	5 **S**	5 T
6 F	6 M	6 W
7 **S**	7 T	7 T
8 **S**	8 W	8 F
9 M	9 T	9 **S**
10 T	10 F	10 **S**
11 W	11 **S**	11 M
12 T	12 **S**	12 T
13 F	13 M	13 W
14 **S**	14 T	14 T
15 **S**	15 W	15 F
16 M	16 T	16 **S**
17 T	17 F	17 **S**
18 W	18 **S**	18 M
19 T	19 **S**	19 T
20 F	20 M	20 W
21 **S**	21 T	21 T
22 **S**	22 W	22 F
23 M	23 T	23 **S**
24 T	24 F	24 **S**
25 W	25 **S**	25 M
26 T	26 **S**	26 T
27 F	27 M	27 W
28 **S**	28 T	28 T
29 **S**	29 W	29 F
30 M	30 T	30 **S**
31 T		31 **S**

ADDRESSES & PHONE NUMBERS

Name

Address

Postcode

Telephone   Mobile

E-mail

Name

Address

Postcode

Telephone   Mobile

E-mail

Name

Address

Postcode

Telephone   Mobile

E-mail

Name

Address

Postcode

Telephone   Mobile

E-mail

Name

Address

Postcode

Telephone   Mobile

E-mail

Name

Address

Postcode

Telephone   Mobile

E-mail

ADDRESSES & PHONE NUMBERS

Name

Address

Postcode

Telephone   Mobile

E-mail

Name

Address

Postcode

Telephone   Mobile

E-mail

Name

Address

Postcode

Telephone   Mobile

E-mail

Name

Address

Postcode

Telephone   Mobile

E-mail

Name

Address

Postcode

Telephone   Mobile

E-mail

Name

Address

Postcode

Telephone   Mobile

E-mail

ADDRESSES & PHONE NUMBERS

Name

Address

Postcode

Telephone   Mobile

E-mail

Name

Address

Postcode

Telephone   Mobile

E-mail

Name

Address

Postcode

Telephone   Mobile

E-mail

Name

Address

Postcode

Telephone   Mobile

E-mail

Name

Address

Postcode

Telephone   Mobile

E-mail

Name

Address

Postcode

Telephone   Mobile

E-mail

ADDRESSES & PHONE NUMBERS

Name

Address

Postcode

Telephone   Mobile

E-mail

Name

Address

Postcode

Telephone   Mobile

E-mail

Name

Address

Postcode

Telephone   Mobile

E-mail

Name

Address

Postcode

Telephone   Mobile

E-mail

Name

Address

Postcode

Telephone   Mobile

E-mail

Name

Address

Postcode

Telephone   Mobile

E-mail

ADDRESSES & PHONE NUMBERS

Name

Address

Postcode

Telephone   Mobile

E-mail

Name

Address

Postcode

Telephone   Mobile

E-mail

Name

Address

Postcode

Telephone   Mobile

E-mail

Name

Address

Postcode

Telephone   Mobile

E-mail

Name

Address

Postcode

Telephone   Mobile

E-mail

Name

Address

Postcode

Telephone   Mobile

E-mail

ADDRESSES & PHONE NUMBERS

Name

Address

Postcode

Telephone   Mobile

E-mail

Name

Address

Postcode

Telephone   Mobile

E-mail

Name

Address

Postcode

Telephone   Mobile

E-mail

Name

Address

Postcode

Telephone   Mobile

E-mail

Name

Address

Postcode

Telephone   Mobile

E-mail

Name

Address

Postcode

Telephone   Mobile

E-mail

NOTES

NOTES

Kew — Royal Botanic Gardens

© 2021 The Board of Trustees, Royal Botanic Gardens, Kew.

All images used in this diary, including those on the front cover, are taken from original illustrations from the Herbarium, Library, Art and Archives at the Royal Botanic Gardens, Kew. While Carousel Calendars makes every effort to ensure the accuracy of the information contained in this diary, no representations or warranties are made as to the accuracy, completeness, or suitability for any purpose of the information contained, which may include technical inaccuracies or typographical errors which may be outside of the Publisher's control such as changes to Bank Holiday dates. All liability of the Publisher howsoever arising for any such inaccuracies or errors is expressly excluded to the fullest extent permitted by law. The Publisher shall not be liable for any compensatory, direct, indirect or consequential damages, loss of data, income or profit, loss of or damage to property or claims of third parties.

*Provisional. At the time of printing, no changes to Daylight Savings Time had been confirmed by the government.

© Crown Copyright and/or database rights. Reproduced with permission from HMNAO, UKHO and the Controller of Her Majesty's Stationery Office.

New Moon ●   First Quarter ◐   Full Moon ○   Last Quarter ◑

The date shown for the start of Ramadan is for the UK. It will differ by a day between countries, depending on the cycle of the moon.

Carousel Calendars is a trading name of Vista Stationery & Print Ltd. www.carouselcalendars.co.uk
Carousel Calendars is a division of Otter House Ltd. Manufactured by Otter House Ltd under licence from RBG Kew Enterprises Ltd.

www.kew.org

recycle

When you have finished
with this please recycle it

For more information on recycling this
product and its packaging, please visit:
www.carouselcalendars.co.uk/recycle

CAROUSEL CALENDARS
www.carouselcalendars.co.uk
Exe Box, Matford, Exeter, EX2 8FD
Tel. 01392 826 482
Carousel Calendars is a brand of Vista Stationery & Print Ltd.
Co Registration 5900471.

THE GREAT BIG
CALENDAR
COLLECTION
Email sales@gbcc.co.uk

FSC
www.fsc.org
MIX
Paper from
responsible sources
FSC™ C007683

Printed in China   220290